もくじ

1章 — 5ページ
これで人気者！
おもしろキメぜりふ

2章 — 51ページ
超（ちょう）シビれる！
カッコいいキメぜりふ

3章 — 85ページ
キミも天才！?
かしこいキメぜりふ

4章 — 115ページ
まだまだあるよ！
いろんなキメぜりふ

1章

これで人気者！
おもしろキメぜりふ

1章 おもしろキメぜりふ

待たせたな

2時間ちこく！

気どったあいさつのキメぜりふだぞい

堂々と言えば、遅刻もゆるしてもらえるかも!?

マンガ『Dr.スランプ アラレちゃん』のキメぜりふ。「おはよう」「こんばんは」「こんにちは」が合体している。

1日じゅうつかえて、べんりなキメぜりふだぞい～

1章 おもしろキメぜりふ

おもしろ カッコいいぜ！

アニメ『魔神英雄伝ワタル』の主人公・戦部ワタルのキメぜりふ。

「おもしろい」と「カッコいい」の合体した、アツいキメぜりふ！

なるへそ

へ〜、そ〜なんだ なるへそ〜

「なるほど」の軽〜い言い方。

おへそを意識して、ポーズをとったらたのしいぞい

1章 おもしろキメぜりふ

お茶の子さいさい

「とてもかんたんにできる」という意味。

同じ意味のキメぜりふに、「ちょちょいのちょい」とか「へのかっぱ」なんてのもあるぞい

マンガ『キャプテン翼』の主人公・大空翼の有名なせりふ。

ボールがすきすぎる人にオススメのキメぜりふ！

1章 おもしろキメぜりふ

なにをおっしゃる ウサギさん

わらべ歌『うさぎとかめ』から生まれたキメぜりふだぞい

へーこいて ねよ

大阪べんで「もうかえってねよう」みたいな意味。

1日のつかれをいやす
キメぜりふだぞ〜い

1章 おもしろキメぜりふ

へがでる3秒前
チューリップ

「プ」のタイミングでおならをだせるように特訓だ！

お花つんでくる

「トイレにいく」のお上品な言い方。

「ヘビをたおしてくる」など、自分なりにくふうしてみるといいぞい！

1章 おもしろキメぜりふ

いま、畑にとりにいってる

気まずさを なごませる キメぜりふだ！

まだ息(いき)があるぞ!

生きてるかも…

うむぅ…

たこやきの上で動(うご)くカツオぶしなんかにもつかえるぞい!

くだらない〜っ!

1章 おもしろキメぜりふ

味の宝石箱や〜

うわあ
このかいせん丼

味の
宝石箱や〜

タレント・彦摩呂さんのキメぜりふ。ごはんのおいしさに感動したときにつかう。

宝石箱のほかに「金メダル」「テーマパーク」など、スゴいものにたとえてもGOOD！

シェフをよべ！

> つくった人を知りたくなるほどの、おいしいごはんを食べたときのキメぜりふ。

およびですか？

ピン

シェフ〜ありがとう〜

1章 おもしろキメぜりふ

食(く)い物(もの)のうらみはおそろしい

ごはん、もうありませ〜ん♪

スッカラカン

くそ〜〜っ 食(く)い物(もの)のうらみはおそろしいんだぞ！

メラメラ

おなかがへったり、ごはんを食べそびれたりしたときにネチネチと言うぞい

マンガ『うる星やつら』にも でてくる、なさけないせりふ〜

1章 おもしろキメぜりふ

もうけたぜ〜っ!! つるセコ〜っ!!

舌をくちびるの上までだす

両手でピースをすると、さらにいいぞ!!

マンガ『つるピカハゲ丸』の主人公・ハゲ田ハゲ丸が、お金をもらったり、得したときに言うキメぜりふ。大声で言ってみよう！

おぜぜ

ぜに（お金）の赤ちゃんことば。

よ〜し よしよし

ガラガラ

お金をかわいがってるのって、不気味……

ゴージャス！ お金持ちことばだぞい！

「ごきげんよう」

人に出会ったときやわかれるときのあいさつ。

「〜ですこと」「〜ザマス」

「100万円？ おやすいザマスね」などと、ことばのさいごにつける。

「よくってよ」

いいですよ。

1章 おもしろキメぜりふ

ずいぶんねえ

ひどいですね。

このたなの はしからはしまで いただける？

お金があるのでいちどに たくさんのものを買う。

ごめんあそばせ

わかれのあいさつ。
あやまるときにもつかう。

1章 おもしろキメぜりふ

いろんな言い方コーナー

いろんなかけ声で友だちをおうえんだ！

あんたが大将！

日本一！

よっ、大統領！

やんや やんや〜

待ってました！

千両役者！

ズコーッ!!

1章 おもしろキメぜりふ

さけびながらズッコケると、ナイスリアクション！

ここはどこ？わたしはだれ？

あたしゃ なんにも
わかりましぇん……

記憶をなくしたふりをして、とぼけたいときにつかおう

1章 おもしろキメぜりふ

てんぐの しわざじゃ！

よくわからないときは、てんぐの せいにして、ごまかすぞい！

わたしはさそり座の女

1章 おもしろキメぜりふ

なんじゃらホイ

「なんですか？」という意味。

もともとは、長野県につたわる歌のなかのことばらしいよ

ところが どっこい

「だが」とか「しかし」のおどけた言い方。

ところが…

どっこい

♪ できるだけ元気よく言うと、キマるぞい〜

1章 おもしろキメぜりふ

ご武運を！

ペコリ

おじぎをする

胸の前で片手をグーにし、反対の手でつつむ

これからなにかにちょうせんする人に**「がんばってね！」**という、やさしいキメぜりふだぞい

取扱注意! あぶないキメぜりふ

ちょっとかげきなことばでも、なかよしの友だちに言ったらウケるかもしれないぞい〜

てやんでい、べらぼうめい

やろうども、やっちまえ！

おく歯をガタガタ言わせてやるぜ

みんなで協力するときにつかおう。

1章 おもしろキメぜりふ

カルシウムが たりねえんだよ

おこりっぽい相手に
クールに言おう。

みせもんじゃねーぞ、ちれちれ

予想外のできごとで、人が
あつまってきちゃったとき
につかおう。

大人に言ったら、ぜったいに おこられるよね……

悪い魔法使いは、なぜか
こういう笑い方だよね

大きいなべを
かきまぜがちだよね

負けたときでも キメぜりふ

「負けた!」って気分のとき、こう言って
いさぎよく負けをみとめよ〜う

ギャフン！

おぼえとけよ！

きょうはこのくらいに
しといてやる……

えっ

1章 おもしろキメぜりふ

2章

超シビれる！カッコいいキメぜりふ

2章 カッコいいキメぜりふ

名のるほどの者では ございません

友だちに感謝されたとき、クールにつかえるキメぜりふ！

いざ、サムライことばでござる！

自分のよび方。

2章 カッコいいキメぜりふ

「ばかばかしい!」と
よゆうをみせることば。

笑止!

不覚なり……

油断してしっぱいした
ときにつかおう。

これにて、一件落着!

事件やもめごとが
解決したらコレだ!

おぬしもワルよのぉ〜

友だちどうしでせりふをおぼえて、時代劇気分でつかおう

春雨（はるさめ）じゃ、ぬれてまいろう

春の雨ははげしくないから、こう言ってぬれたまま歩くサムライもいたらしいぞい

かぜひくなよ〜

2章 カッコいいキメぜりふ

いつもすまないねぇ〜
それは言わない約束だよ

お世話している人とお世話になっている人との間でかわす、ねぎらいのことばだぞい

むだぐちことばで人気者!

声にだすとにていることばや、おもしろいことばをくっつけたものを「むだぐちことば」とよぶぞい!

いただきマンモス

ゆるしてチョンマゲ

がってんしょうちのすけ

「オッケー、わかったよ」というときのことば。

2章 カッコいいキメぜりふ

けっこうけっこう
コケコッコー

豆、いりません!

あたりきしゃりきの
こんこんちき

あたり前だよ！
という意味。

アイムソーリー
ヒゲソーリー

「アイムソーリー」は、
日本語で「ごめんなさい」。

よゆうの よっちゃん

こんなテスト、よゆうのよっちゃんだぜ〜

楽勝（らくしょう）でできるときにつかうキメぜりふ。

「むてきのむっちゃん」や「最強（さいきょう）のさっちゃん」など、オリジナルをつくってもたのしいぞい！

2章 カッコいいキメぜりふ

おたのしみはこれからだ！

「まだまだあるぞ〜」
ってときにつかうぞい

世界ではじめての、音のでる
映画のなかのせりふらしいよ〜

そうだ 京都、行こう。

JR東海のキャンペーンのキャッチコピー。

どこかにいきたくなったとき、遠くをみつめながらつぶやくと、カッコよくキマるぞい……！

2章 カッコいいキメぜりふ

お客さまのなかに お医者さまは いませんか？

ただの食べすぎだよぉ…

飛行機などで急病人がでたときのせりふ。友だちが転んだときなどにつかうと、おおげさでおもしろいぞい

ことばを入れかえ、業界人!

 テレビや音楽の業界にかかわる大人たちは、ことばの順番を入れかえてつかうらしいぞい!

しもしも〜

「もしもし」を1文字ずつ入れかえたことば。

ワイハ

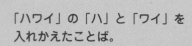

「ハワイ」の「ハ」と「ワイ」を入れかえたことば。

2章 カッコいいキメぜりふ

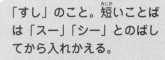

「すし」のこと。短いことばは「スー」「シー」とのばしてから入れかえる。

シースー

クリビツ テンギョー イタオドロ!

それぞれのことばを入れかえて、「びっくりぎょうてんおどろいた!」

これでモテモテ!? キザなせりふ大作戦

マスター、いつもの

大人の店になれているかのようにふるまって、ちがいをみせつけろ!

あちらのお客さまから

友だちと協力して、あのコに給食をおごっちゃえ!

事務所とおして ください

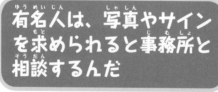
有名人は、写真やサインを求められると事務所と相談するんだ

スター気どりでキメるぞい！

2章 カッコいいキメぜりふ

うつくしいって、罪ね

「いろんな悪いことがおきるのは、自分がうつくしすぎるせいだ！」という意味のキメぜりふ。

ステキな表情で言えば、ドラマのヒロイン気分！

事件のにおいがプンプンするぜ

これはにおうぜ

クンクン

ベテランの刑事は、事件の予感がするときにこう言う。

このせりふをつかうと、ちょっとしたことでもドラマチックになるぞい

2章 カッコいいキメぜりふ

風が……ふいてきたな

なにかがはじまるときに言うと、カッコよくキマリそう

世のなかには2種類の人間がいる

ちがいをみせつけたいとき、ほどほどにつかうんだぞい

2章 カッコいいキメぜりふ

ホの字

あんた、あの子にホの字だね？

ポッ♥

ドオーン

「ほれている」のさいしょの「ほ」の文字から、「すき」という意味だぞい

エロイムエッサイム エロイムエッサイム

悪魔をよぶといわれる
フランス語の呪文。

ピンチのときにとなえたら、
きせきがおきるかも！

2章 カッコいいキメぜりふ

ここはおれにまかせて先にいけ！

敵を食いとめるために自分がぎせいになる、カッコよすぎのキメぜりふだぞい……

それがおれのジャスティス！

とくさつテレビドラマ『仮面ライダーBLACK』の主題歌から生まれたキメぜりふ。

「これを信じるぜ！」というときにつかうんだ！

2章 カッコいいキメぜりふ

リカイフノウ！ リカイフノウ！
……ドッカーン！

アニメなどでロボットがこわれるときに、よく言うせりふだぞ。わからないことがあったら、ロボットになったつもりで大爆発！

ふせろ!

 危険を感じたときや、おならが超くさかったときは、まわりの人に教えて身をまもれ!

2章 カッコいいキメぜりふ

あいつは星になったのさ

たいせつにしていた宝物(たからもの)をなくしちゃっても、お星さまになってみまもっているんだよ……みたいに思うといいぞい

3章 キミも天才!? かしこいキメぜりふ

3章 かしこいキメぜりふ

いささか

ボクチャンの手…
いささか カサカサ
しております〜♪

「ちょっとだけ」という
意味。舌をかまずに
さらりと言えば、
かしこそうにみえるぞい

3章 かしこいキメぜりふ

すこぶる

「めっちゃ」とか「とても」の
かしこい言い方。

同じような意味で「はなはだしく」というのもあるぞい

ことほどさように

とちゅうから半分ねながらといてたんだけど

ことほどさようにテストはかんたんだったさ～

天才とよばれる人は「それくらいに」って言うとき、100パーセントこう言うぞい

ホントに～?

3章 かしこいキメぜりふ

いかほど

「どのくらい？」の
かしこそうな言い方。

このくらいだったんじゃなイカ？

大きさは、いかほど？

友だちに言うときは、
イカみたいな動きをつけると、
たのしいぞい！

大人の世界は、不思議なことばだらけ！

お世話になっております〜

そんなにお世話しあって
いるわけではないのに、
あいさつするときこう言う。

前むきにけんとういたします

どっちをむいていても
「前むきに」と言って
しごとをする。

3章 かしこいキメぜりふ

1杯やっていきますか

お酒を飲みにいくとき、大人はたいていこのしぐさをする。

まあまあまあまあ　おっとっとっと

飲み物を注ぎあうとき、だいたいこう言う。

く〜っウマい！　　五臓六腑にしみわたりますね

「五臓六腑」とは、内臓全体のこと。これでキミも大人の仲間入り！

記憶にございません

まさか！学校におかし持参の容疑！

つごうの悪いことをごまかすキメぜりふ。つかいすぎると友だちなくすぞい

3章 かしこいキメぜりふ

○○と言えば ウソになります

ストレートに言えないことを相手に伝えられるキメぜりふ。すなおになれない気分のとき、つかってみるといいぞい

ひねもすのたり のたりかな

「春の海　ひねもすのたり　のたりかな」という、与謝蕪村がつくった俳句のいちぶ。

「1日じゅうのんびりしてる」という意味だぞい

3章 かしこいキメぜりふ

ふつつかもの
ですが

「みじゅくで、気がききませんが……」と自分をひかえめに言うキメぜりふだぞい

ヨッ！ 世わたり上手！

てんこ しゃんこ

あべこべ、順番ちがいのこと。東京の方言。

関西では「てれこ」と言うんだぞい

3章 かしこいキメぜりふ

けんけんがくがく

おおぜいの人が意見を言ってさわがしいようす。

もともとあった「けんけんごうごう」と「かんかんがくがく」というふたつのことばが、まざってできたことばだぞい

みなまで言うな

「わかっているから、さいごまで言わなくていいよ」というキメぜりふだぞい

3章 かしこいキメぜりふ

中臣鎌足（なかとみのかまたり）！

飛鳥時代に、中大兄皇子とともに「大化の改新」をおこなった人物。

刀狩（かたながり）！

農民などから刀をとりあげる政策。

墾田永年私財法（こんでんえいねんしざいほう）！

土地の持ち主にかんする、奈良時代の法令。

ここは地獄の1丁目

「1丁目」とは「はじまり」のこと。

「いまつらいのに、この先もたいへんだ〜」というときにしょんぼりとつかうぞい

3章 かしこいキメぜりふ

地獄のさたも金しだい

「金さえあればなんでもできるんじゃあ！」という、心のよごれたキメぜりふだぞい〜

あの声でトカゲ食らうかホトトギス

かわいい子がひどすぎることをしたら、心のなかでそっとつぶやくんだぞい。もともとは宝井其角の俳句

3章 かしこいキメぜりふ

三十六計 にげるにしかず

「勝ち目がないならにげてしまおう！」という昔からあるりっぱな作戦。

どうしようもないときは、自分をまもるためににげてもいいんだぞい

エラ～い人たちのことば！

歴史上の人物たちがのこしたキメぜりふを紹介するぞい。これでキミもエラ～くなれる!?

わがはいの辞書に不可能という文字はない

フランスの皇帝、ナポレオン1世のことば。

ペンはけんよりも強し

イギリスの歴史劇『リシュリュー』の名ぜりふ。

3章 かしこいキメぜりふ

天は人の上に人をつくらず

1万円札でおなじみの、福沢諭吉のことば。

パンがなければケーキを食べればいいじゃない

フランス国王ルイ16世の妻、マリー・アントワネットが言ったとされることば。

おわりよければすべてよし

イギリスの劇作家、シェークスピアの作品名。
元はことわざ。

バカとけむりは高いところにのぼる

「お調子者ほどあぶないところにいく」ということわざ。

高いところでいばってる人には、このキメぜりふだ〜！

3章 かしこいキメぜりふ

ドッカーン！
実験はしっぱいじゃ！

しっぱいしたら、こう言って笑っちゃえ

かんにんやでぇ〜
ごしょうやでぇ〜

関西での「ゆるして〜。おねがい〜」という言い方。

ここぞというときにつかえるように、毎日練習だぞい……

3章 かしこいキメぜりふ

心中(しんちゅう)おさっしします

「たいへんだね、キミの気持ちわかるよ」というやさしいキメぜりふだぞい

「ありがとう」のいろんな言い方！

4章 まだまだあるよ！いろんなキメぜりふ

激おこぷんぷん丸

2013年

おこったときにつかうギャルことば。

怒りのレベルによって、「おこ」「おこぷん」「激おこぷんぷん丸」と進化するんだぞい！

4章 いろんなキメぜりふ

イナバウアー

2006年

フィギュアスケートの金メダリスト・荒川静香選手の得意技。
足をひらいてすべる技をイナバウアーとよぶ。

上半身を大きくそらせる

足を前後にひらき、つま先を左右にむける

「イナバウアー！」とさけびながら、からだのやわらかさをみせつけよう！

チョー気持ちいい！ 2004年

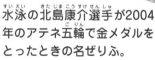

水泳の北島康介選手が2004年のアテネ五輪で金メダルをとったときの名ぜりふ。

2008年の北京五輪で「なんも言えねぇ！」ということばものこしているぞい！

4章 いろんなキメぜりふ

チョベリバ

1996年

「超・ベリー・バッド」をちぢめた「最悪」という いみのギャルことば。反対の いみは「チョベリグ」。

「さげぽよ〜(=最悪)」「あげぽよ〜(=最高)」もあるよ！

ぼくは死にましぇ～ん

1991年

3、2、1、バンジーッ

フジテレビのドラマ『101回目のプロポーズ』の主人公は、このせりふで恋人をつくったぞい。つかい方は大人に聞こう……

4章 いろんなキメぜりふ

ぶっとび〜

おどろいたときのキメぜりふだね

もっとおどろいたら「おったまげ〜」だぞい！

新人類 1985年

当時、いままでにない新しい考え方をする若者をこうよんだ。

おもしろい友だちにつかってみるのはどう？

4章 いろんなキメぜりふ

ふつうの女の子にもどりたい！

当時、大人気だったアイドルのキャンディーズが解散（かいさん）したときのせりふ。

なにかをやめるときにつかうと、きっとウケるはずだぞい

4章 いろんなキメぜりふ

わかっちゃいるけど やめられねぇ

なかなかやめられないときにはコレ！ ハナ肇とクレージーキャッツの名曲『スーダラ節』のメロディーにのせてキメよう！

4章 いろんなキメぜりふ

ミッションコンプリート

英語で「任務完了！」。

キ～ンコ～ン カ～ンコ～ン

授業終了

授業がおわったら、よろこびをかみしめてキメるぞい！

4章 いろんなキメぜりふ

リスペクト

英語で「そんけいするよ」という意味。

「マジでリスペクトするわ〜」
みたいに軽〜くつかおうぜ！

大集合！英語のほめことば

Good（グッド）　よし

Cool（クール）　イケてる

いいね　**Nice**（ナイス）

Great（グレート）　すげえ

超いいじゃん　**Awesome**（オーサム）

マジ!? おどろき〜　**Amazing**（アメージング）

4章 いろんなキメぜりふ

Fantastic（ファンタスティック） すごい

Wonderful（ワンダフォー） ステキ！

Marvelous（マーベラス） すばらしい！

Excellent（エクセレント） サイコー！

Unbelievable（アンビリーバボー） 信じられない！

Perfect（パーフェクト） カンペキ！

「Oh, My God(なんてこった!)」の頭文字をとって「OMG」だぞい!

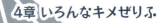

マンマミーア

イタリア語の「Oh, My God」はこう言うんだぞい！　気分によって「OMG」とつかいわけよう

4章 いろんなキメぜりふ

I was going to

英語で「いまやろうと思っていたんだよ！」という意味。

大人の「宿題やりなさい！」には、このキメぜりふ！

トゥギャザーしようぜ

「トゥギャザー」は、英語で「いっしょに」という意味。

俳優・タレントのルー大柴さんの、「いっしょにやろうぜ！」というキメぜりふ。ことばのいちぶを英語にすると、たのしくなるぞい！

4章 いろんなキメぜりふ

K. U. F. U.
くふう

ヒップホップグループの
ライムスターが考えたキメぜりふ。
アルファベットで言ったことを、
ふつうに日本語で言いなおすと、
カッコよくなるぞい!

4章 いろんなキメぜりふ

トラのポーズ

両手を上げて、体を大きく見せる

ツメをたてて、こうげき力をアピール！

たたかいの前につかうとつよそうにみえるきょうぼうなトラのポーズだぞい〜

ツルのポーズ

両手と片足を高く上げた、別名「あらぶるタカのポーズ」。映画『ベスト・キッド』では必殺技として登場！

ワニのポーズ

両手でワニの大きな口を表現した、迫力満点のポーズ。

4章 いろんなキメぜりふ

フィーバーのポーズ

映画『サタデー・ナイト・フィーバー』でのジョン・トラボルタのキメポーズ。ゴキゲンなときにつかおう！

非常口のポーズ

非常口のマークみたいなポーズ。スピード感とおもしろさをかねそなえている。

4章 いろんなキメぜりふ

水魚のポーズ

うつぶせにねて、両足をつかむ

顔を上げる

このポーズをとると、心がおちつき、頭がさえわたるとのウワサだぞい。マンガ『ゲームセンターあらし』にでてくる必殺技のひとつ

ねはんの ポーズ

横になり、うでをまくらのようにした、ラクちんなポーズ。集合写真でいちばん前ならコレ！

龍の ポーズ

ねはんのポーズを応用したもの。大きくひらいた足が龍の口みたい！

4章 いろんなキメぜりふ

ざぜん歩き

❶ 足を反対がわの太ももの上にのせるように、あぐらをかいて

❷ 両手をのばして下むきにつっぱると

❸ のし、のしのしのし

なんと、手をつかって歩くことができるんだぞ！

ぺタぺタぺタ…

必殺！キメポーズにひとくふう！

キメポーズにアクションをくわえると、まわりの視線をひとりじめできるぞい！

必殺！ジャンピング

いきおいよくジャンプしながらキメポーズだ！

必殺！スライディング

ツルのポ〜ズ

ねはんのポーズ

すべりこみながらのポーズで、まわりをビックリさせよう。

4章 いろんなキメぜりふ

ころがったあとにポーズをとると、あらあらしさアップ！

床にふせてポーズすると、とてもあやしいぞ。

ライトニングボルト

オリンピックで何度も金メダルをとった陸上選手、ウサイン・ボルトのキメポーズ。両手の人さし指を立てて弓矢のようにひく。

メッシのポーズ

サッカー選手、リオネル・メッシの天にむかって指をさすキメポーズ。スポーツ選手は得点を決めたときのキメポーズをもっていることが多いんだ。

4章 いろんなキメぜりふ

チャリで来たのポーズ

やんちゃな中学生がプリクラにのこした伝説(でんせつ)のポーズ。自転車(じてんしゃ)で来たことをなぜかこのポーズをとってじまんしたという。

チャリで来た。

おもしろおじさんポーズ

両手(りょうて)の親指(おやゆび)を鼻(はな)のあなにいれて、手をひろげたひょうきんなポーズ。いかにもしんせきのおじさんが、ふざけてやりそうなキメポーズだ。

ゾンビのポーズ

うう～～っ!

手を前にだして、手首から先をだらんとたらす

体の力をぬいてねこ背になる

とにかくよろよろと歩く

いちど死んでよみがえった **きょうふのモンスター**、ゾンビ。しつこくゾンビのポーズをやりすぎると、友だちに本気でこわがられちゃうぞい

4章 いろんなキメぜりふ

キョンシーの ポーズ

うでをピーンと のばす

紙きれなどで おふだをつくって、 おでこにはる

両足を ぴったりそろえて、 ジャンプして すすむ

ピョンピョン

中国でおそれられている、 **死体のようかい**、キョンシー。 おふだをとられるときょうぼうになるぞい！

埼玉のポーズ

そうだ埼玉

OKサインを胸の前でクロスし左足を少しだしたポーズ。埼玉県PR動画から生まれた。「そうだ埼玉」と言いながらキメよう。

(そうだ埼玉.com)

「ラジオ体操第2」のグニグニしたポーズ

はずみをつけておこなうマッスルポーズのような体操。からだをグニグニとほぐしちゃおう。

4章 いろんなキメぜりふ

タイタニックの ポーズ

映画『タイタニック』の有名なキメポーズ。ひとりが手を横にひらき、もうひとりがうしろからささえる。みはらしのいいところでやってみよう！

バァーン！ のポーズ

「バァーン」と言いたくなるカッコいいキメポーズ。友だちと背中あわせでうでを組む。ほかにも「バァーン」にあうオリジナルポーズを考えてみよう。

作／さそり山 かずき
絵／ほし しんいち
デザイン／チャダル108

企画・編集・制作／株式会社 アルバ

大人にはないしょだよ ⑦

超ウケる！　最強キメぜりふ

発　　行　2017年 9月　第1刷

発 行 者　長谷川 均
編　　集　原田 哲郎・岡本 大
発 行 所　株式会社ポプラ社
　　　　　〒160-8565　東京都新宿区大京町22-1
　　　　　振替 00140-3-149271
　　　　　電話（営業）03-3357-2212
　　　　　　　（編集）03-3357-2216
　　　　　インターネットホームページ www.poplar.co.jp
印刷・製本　図書印刷株式会社

ⓒS.Hoshi　2017　Printed in Japan
JASRAC 出 1707444-701
N.D.C.798/159P/18cm　ISBN978-4-591-15546-2

本書のコピー、スキャン、デジタル化等の無断複製は著作権法上での例外を除き禁じられています。本書を代行業者等の第三者に依頼してスキャンやデジタル化することは、たとえ個人や家庭内での利用であっても著作権法上認められておりません。落丁本・乱丁本は、送料小社負担でお取り替えいたします。小社製作部宛にご連絡ください。製作部 電話 0120-666-553
受付時間は月～金曜日、9：00～17：00（祝祭日は除く）

※みなさんのおたよりをお待ちしています。おたよりは、出版局から制作者・著者へおわたしいたします。

18さいまでの子どもがかけるでんわ
チャイルドライン®
0120-99-7777
ごご4時～ごご9時　＊日曜日はお休みです

電話代はかかりません
携帯・PHS OK